일주일 안에 완성하는 예쁜 글씨 따라쓰기

한글 바른
글씨 쓰기

KB067887

일주일 안에 완성하는 예쁜 글씨 따라쓰기

한글 바른 글씨 쓰기

개정판 2쇄 인쇄 2022년 6월 20일
개정판 2쇄 발행 2022년 6월 30일

지은이   시사정보연구원
펴낸이   권윤삼
펴낸곳   도서출판 산수야

등록번호   제1-1515호
주소   서울시 마포구 월드컵로 165-4
우편번호   03962
전화   02-332-9655
팩스   02-335-0674

ISBN 978-89-8097-544-0   03710

값은 뒤표지에 있습니다. 잘못된 책은 바꾸어 드립니다.

이 책의 모든 법적 권리는 도서출판 산수야에 있습니다.
저작권법에 의해 보호받는 저작물이므로
본사의 허락 없이 무단 전재, 복제, 전자출판 등을 금합니다.

한글 바른 글씨쓰기

시사정보연구원 지음

일주일 안에 완성하는 예쁜 글씨 따라쓰기

- 자연스럽게 익히는 한글 바른 글씨 쓰기
- 차근차근 구체적인 연습으로 한글 마스터
- 좋은 성격을 형성하는 글씨 쓰기
- 빠른 시간 안에 완성하는 예쁜 글씨
- 올바른 글자 모양 쓰기 연습
- 다양한 디자인체로 자신만의 필체 만들기

시사패스
SISAPASS.COM

필체가 좋아야 대접받는 분위기는 예나 지금이나 마찬가지다. 악필인 사람들에게는 그나마 지금이 좀 더 나은 편이다. 컴퓨터가 웬만한 것은 해결해주니 손글씨에 대한 고민은 학교를 졸업함과 동시에 안녕이다. 그러나 시험이나 취업 같은 결정적인 순간에는 자필 서류가 꼭 필요하기 때문이다. 사회생활을 하다 보면 한동안 잊고 지내던 글씨, 즉 필체에 대한 고민이 되살아난다.

글씨는 인격을 대변한다는 말도 있다. 그만큼 글씨는 자신을 드러내는 중요한 요소라는 의미다. 기업에서 인재를 평가하는 다양한 방법이 있지만, 자필 서류를 통해 그 사람의 품성을 확인하는 이유도 손으로 직접 쓴 글씨의 의미를 잘 알기 때문이다.

지금은 과거에 비해 글씨체가 중요하게 평가받는 시대는 아니지만 글씨를 잘 쓰고 싶어 하는 마음은 누구나 갖고 있다. 정갈하고 예쁜 글씨는 상대방의 마음을 움직이게 하는 힘이 있기 때문이다.

상대방의 마음을 움직이는 글씨는 누구나 노력만 하면 가질 수 있다. 시간과 꾸준한 노력을 요구하는 예쁜 글씨체를 갖고 싶어 하는 독자들을 위해 시사정보연구원은 체계적이면서 시간도 절약할 수 있는 한글 쓰기 책을 출간하였다. 이 책은 조금 더 효율적으로 한글을 배우고 글씨를 예쁘게 쓸 수 있도록 본문 내용을 구성했기 때문에 독자들이 한글 글씨 연습을 통해 원하는 글씨체와 원고지 사용법까지 배울 수 있는 것이 특징이라고 할 수 있다.

바른 자세는 글씨 쓰기의 기본이다. 글씨를 쓸 때 바른 자세란 허리를 쭉 펴고 엉덩이가 완전히 의자 등받이에 밀착된 상태에서 무릎을 직각으로 구부리고 앉는 자세를 말한다. 필기구를 제대로 잡는 법 역시 바른 글씨의 기본이다. 필기구는 되도록 가볍게 잡고 50~60° 정도로 기울이며 바닥과 2~3센티미터 정도 떨어진 위치에서 엄지와 검지를 마주보게 잡도록 한다. 또 글씨를 쓸 때에는 일정한 힘으로 쓰며 손목이 좌·우로 꺾이지 않도록 주의한다. 글자를 여러 번 써도 크기가 같아야 일관성 있는 글자가 되며, 균형 있고 짜임새 있는 글자의 습관화도 이룰 수 있다. 이를 마음에 새겨서 연습하도록 하자.

악필의 원인은 글씨를 성의 없이 쓰거나 빠른 속도로만 쓰려다 보니 휘갈겨 쓰는 것이 습관이 되어서다. 예쁜 글씨를 쓰려면 같은 글씨를 천천히, 정성껏, 꾸준한 반복 연습이 무엇보다 중요하다. 글씨 쓰기 연습은 글자의 폭과 높이를 맞추고 수평으로 일정하게 쓰는 연습을 해야 하며 획과 획의 이음새나 지저분하게 끌면서 쓰는 것을 없애면 많은 효과를 볼 수 있다. 또한 처음에는 글씨를 크게 써서 자신의 잘못된 글씨를 바로 고친 다음 조금씩 글자를 작게 쓰면서 연습해야 글씨 교정이 쉽다.

이 책은 단시간에 한글을 예쁘게 쓰려는 사람에게 적합하도록 구성되어 있다. 자칫 지루해지기 쉬운 글씨 따라 쓰기에 변화를 주어 재미있는 읽을 거리와 예쁜 서체별 따라 쓰기를 추가해 바로 실생활에 적용할 수 있도록 꾸몄다. 이 책의 구성요소를 활용해 자신만의 서체를 개발하는 기쁨을 누리기를 바란다.

명필과 공자 삼천 '툭'

옛날에 명필을 너무나 갈망하고 좋아하는 선비가 있었다. 필체가 좋아야 대접받는 시대에 살았던 선비는 자신의 날치기 필체를 너무도 혐오했다. '내 글씨체를 봐! 이게 사람 글씨체인가! 개가 꼬리로 쓴다 해도 이것보다는 낫겠다. 이래서야 어떻게 출세할 수 있겠는가?'

이렇듯 항상 자신의 필체를 한탄했고, 출세까지 막는다고 생각했다. 땅이 꺼지도록 통탄하다가 드디어 결심을 하고는 당대 명필이라 불리는 사람을 찾아갔다. 명필의 집은 문턱이 닳도록 사람들이 왕래했다. 글씨를 구경하려는 사람에서 대필, 구입, 학습에 이르기까지 갖가지 명분으로 명필의 집을 드나들고 있었다.

'필체가 좋으니까 저렇게 사람들을 몰고 다니는구나! 부럽다, 부러워!'

명필은 먼발치서 오랫동안 자신을 지켜보는 선비의 눈빛을 차마 외면할 수 없어서 그를 따로 불렀다. 선비는 어떻게 하면 명필이 될 수 있는지를 물었고, 명필은 간단하게 대답했다.

"공자 삼천 툭!" 선비는 그 말뜻을 물었고, 명필은 공자의 책을 삼천 번 쓰라고 일렀다. 주위에서는 공자의 책을 삼천 번 쓰라는 말에 입이 떡 벌어졌다. 그러나 명필을 간절히 바라던 선비는 집으로 돌아가 공자의 책을 삼천 번 썼고, 결국 보자기가 툭하고 터지듯 터진 글씨체로 명필이라 칭송받기에 이르렀다.

좋은 글씨체를 따라 무수히 연습하다 보면 자신도 알지 못하는 사이에 필체가 봇물 터지듯 터진다는 것을 이 이야기는 말하고 있다. 다들 입을 모아 어떻게 삼천 번을 쓰냐고 못한다, 안 된다고 했지만 결국 선비는 그토록 갈망하던 것을 해냈다. 나의 가치를 높이고 대우를 받기 위해서는 결심한 바를 최대한 이루려고 노력해야 한다. 백조가 미운 오리새끼처럼 스스로를 속박하고 구속하면 자신의 능력은 퇴화되어 닭으로 전락할 수도 있다. 남이 안 된다고, 못한다고 하지만 할 수 있다고 생각하자. 자신의 미래를 위해 투자하자. 끈기 있고 성실하게 한 걸음씩 가다 보면 어느 순간 선비처럼 자신만의 필체를 갖게 될 것이다.

한글 바른 글씨 쓰기는 자신만의 필체를 갖도록 안내하는 지침서다. 예쁜 글씨는 무엇보다 자음과 모음의 올바른 순서에 따라 쓰는 법을 익히고, 글자모양을 바르게 쓰는 법을 익혀야 한다. 명필이야기처럼 꾸준히 연습하다 보면 어느새 자신의 글씨를 교정할 수 있다. 이 책을 통해 다양한 서체를 경험하고 자신이 좋아하는 서체를 발견하기 바란다. 더불어 꾸준한 연습을 통해 자신만의 글씨체를 완성해 나가길 기대한다.

차 례

ㄱ	ㄱ	ㄱ	ㄱ	ㄱ
ㄱ	ㄱ	ㄱ	ㄱ	ㄱ

국 가

ㄴ	ㄴ	ㄴ	ㄴ	ㄴ
ㄴ	ㄴ	ㄴ	ㄴ	ㄴ

나 비

ㄷ	ㄷ	ㄷ	ㄷ	ㄷ
ㄷ	ㄷ	ㄷ	ㄷ	ㄷ

도 덕

ㄹ	ㄹ	ㄹ	ㄹ	ㄹ
ㄹ	ㄹ	ㄹ	ㄹ	ㄹ

리 본

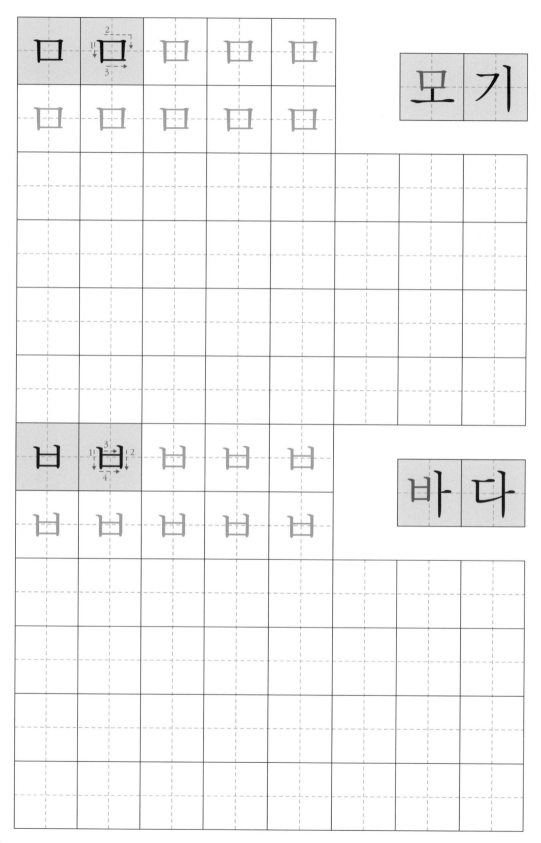

ㅁㅁ ㅁ ㅁ ㅁ

모기

ㅁ ㅁ ㅁ ㅁ ㅁ

ㅂㅂ ㅂ ㅂ ㅂ

바다

ㅂ ㅂ ㅂ ㅂ ㅂ

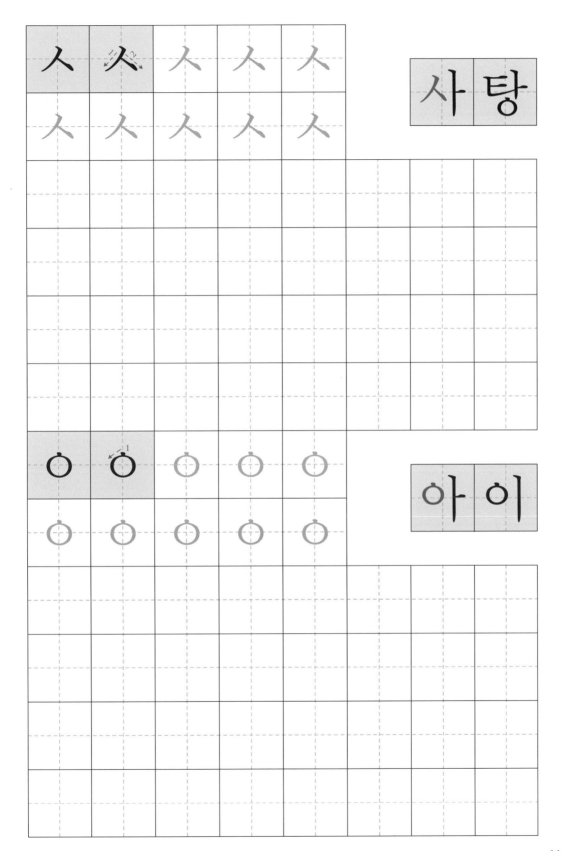

ㅅ ㅅ ㅅ ㅅ ㅅ
ㅅ ㅅ ㅅ ㅅ ㅅ

사 탕

ㅇ ㅇ ㅇ ㅇ ㅇ
ㅇ ㅇ ㅇ ㅇ ㅇ

아 이

ㅈ	ㅈ	ㅈ	ㅈ	ㅈ
ㅈ	ㅈ	ㅈ	ㅈ	ㅈ

종이

ㅊ	ㅊ	ㅊ	ㅊ	ㅊ
ㅊ	ㅊ	ㅊ	ㅊ	ㅊ

치약

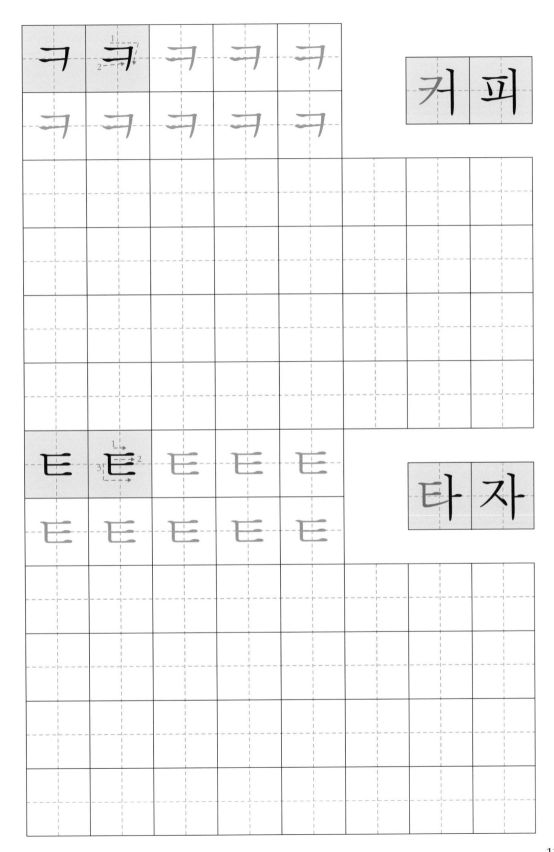

커 피

타 자

파	랑

행	운

ㄲ	ㄲ	ㄲ	ㄲ
ㄲ	ㄲ	ㄲ	ㄲ

까	마	귀

ㄸ	ㄸ	ㄸ	ㄸ
ㄸ	ㄸ	ㄸ	ㄸ

딸	국	질

뻐	뻐	뻐	뻐
뻐	뻐	뻐	뻐

뻐	꾸	기

쓰	쓰	쓰	쓰
쓰	쓰	쓰	쓰

쓰	나	미

꼬 꼬 꼬 꼬
꼬 꼬 꼬 꼬

짝 사 랑

조선시대 4대 명필 이야기

조선시대에는 명필들이 많았다. 선비들은 글씨를 쓰면서 자기 수양을 했고 그렇기 때문에 잘 쓴 글씨는 선비의 명예였다. 글씨를 잘 쓴 명필들 가운데서도 자기만의 독창성, 후세에 끼친 글씨체의 영향들을 고려해서 조선 전후기 통합 4대 명필을 꼽는다면, 인수체라는 독특한 자기만의 필치를 남긴 자암 김구, 왕희지체와 조맹부체의 장점만 가득한 예술 글씨 석봉 한호, 양명학자이며 원교체라는 독특한 글씨체를 만든 원교 이광사, 금석학자이며 추사체를 만든 추사 김정희를 들 수 있다. 이외에도 안평대군, 윤순, 양사언, 선조, 영조, 정조가 뛰어난 필치로 알려져 있고, 흥선대원군도 추사 김정희에게서 글씨와 그림을 배워 수준급 실력이었다고 전한다.

ㅏ ㅏ ㅏ ㅏ ㅏ
ㅏ ㅏ ㅏ ㅏ ㅏ

가 구

ㅑ ㅑ ㅑ ㅑ ㅑ
ㅑ ㅑ ㅑ ㅑ ㅑ

야 구

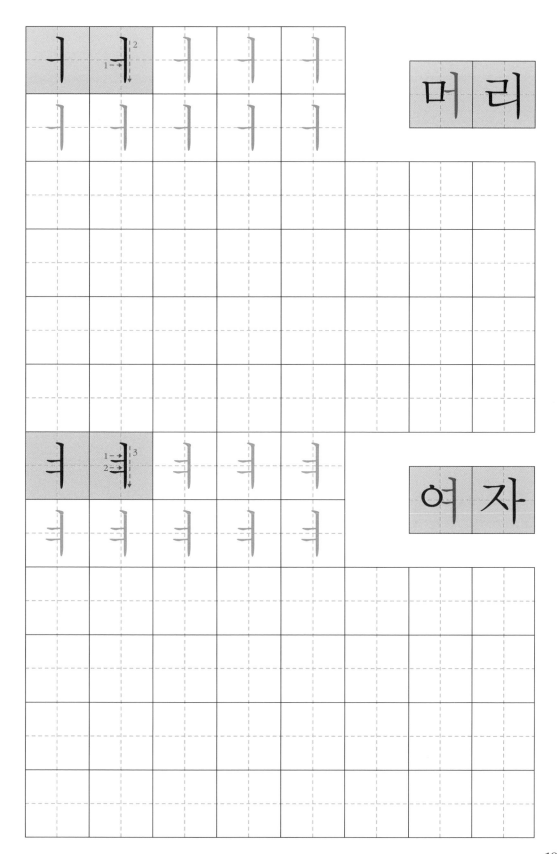

머리

여자

19

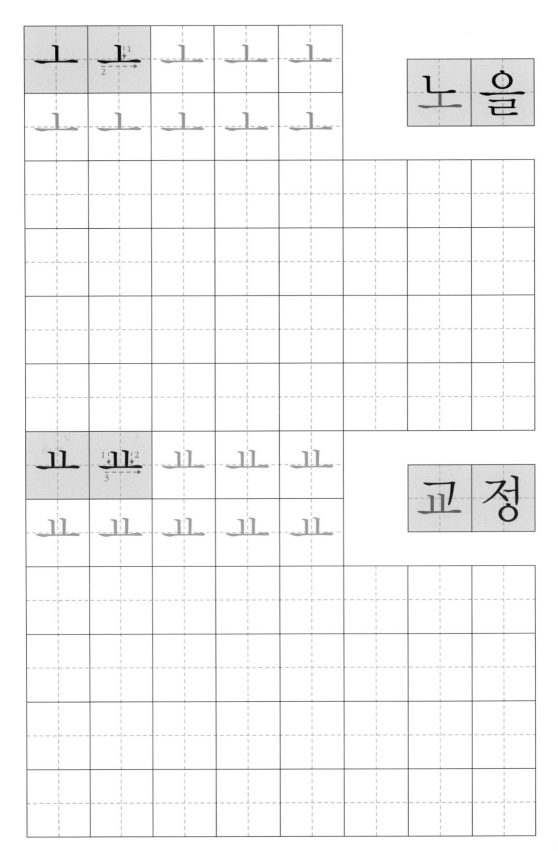

ㅗ ㅗ ㅗ ㅗ ㅗ
ㅗ ㅗ ㅗ ㅗ ㅗ

노 을

ㅛ ㅛ ㅛ ㅛ ㅛ
ㅛ ㅛ ㅛ ㅛ ㅛ

교 정

ㅜ	ㅜ	ㅜ	ㅜ	ㅜ
ㅜ	ㅜ	ㅜ	ㅜ	ㅜ

우	주

ㅠ	ㅠ	ㅠ	ㅠ	ㅠ
ㅠ	ㅠ	ㅠ	ㅠ	ㅠ

휴	가

一	一	一	一	一
一	一	一	一	一

그림

ㅣ	ㅣ	ㅣ	ㅣ	ㅣ
ㅣ	ㅣ	ㅣ	ㅣ	ㅣ

기술

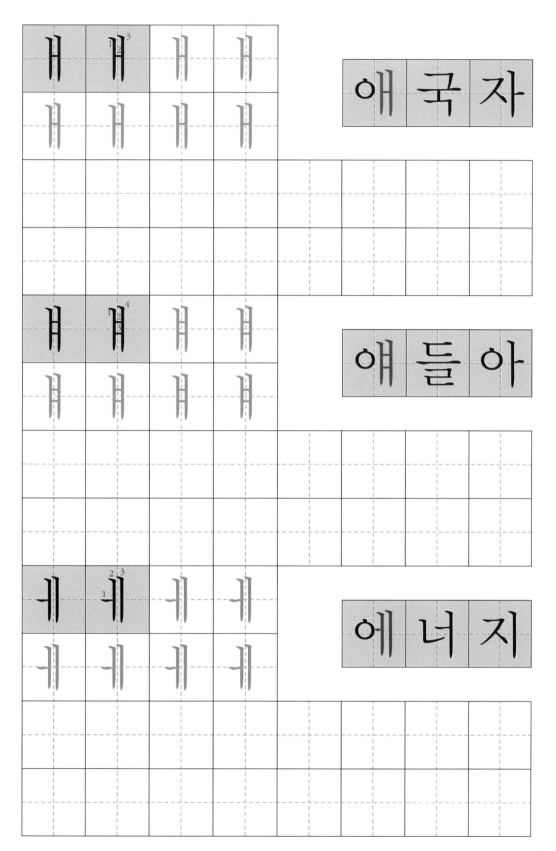

ㅖ	ㅖ	ㅖ
ㅖ	ㅖ	ㅖ

계 수 나 무

ㅘ	ㅘ	ㅘ	ㅘ
ㅘ	ㅘ	ㅘ	ㅘ

와 장 창

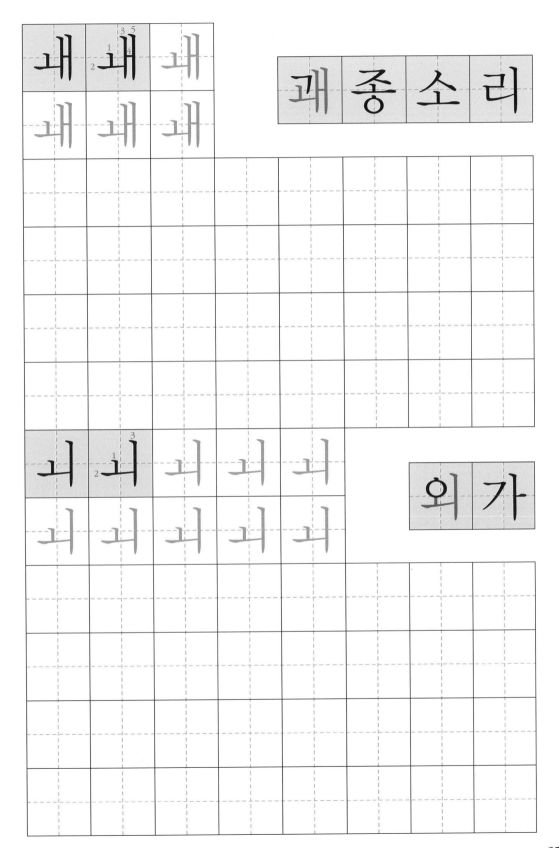

괘 괘 괘
괘 괘 괘

괘 종 소 리

괴 괴 괴 괴 괴
괴 괴 괴 괴 괴

외 가

25

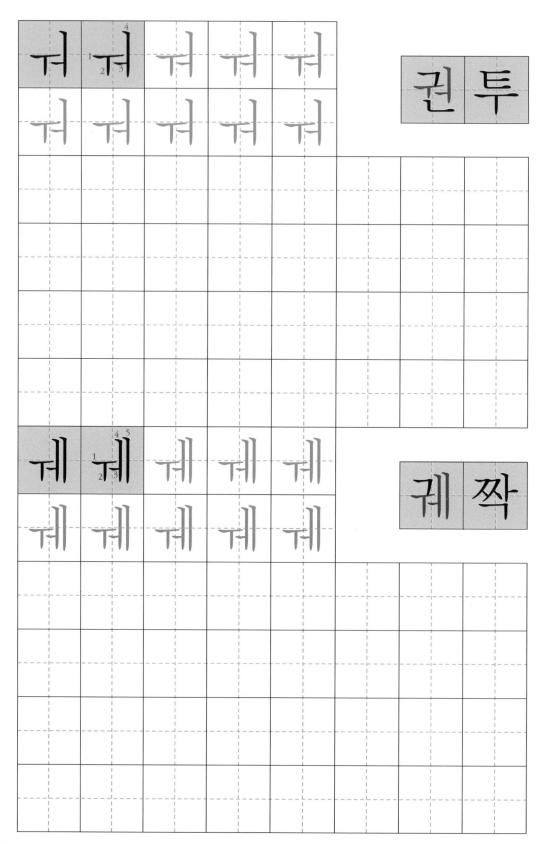

권투

궤짝

귀	귀	귀	귀	귀
귀	귀	귀	귀	귀

귀	천

ㅓ	ㅓ	ㅓ	ㅓ	ㅓ
ㅓ	ㅓ	ㅓ	ㅓ	ㅓ

희	망

	ㅏ	ㅓ	ㅗ	ㅜ	ㅡ	ㅣ	ㅔ
ㄱ	가	거	고	구	그	기	게
ㄴ	나	너	노	누	느	니	네
ㄷ	다	더	도	두	드	디	데
ㄹ	라	러	로	루	르	리	레
ㅁ	마	머	모	무	므	미	메
ㅂ	바	버	보	부	브	비	베
ㅅ	사	서	소	수	스	시	세
ㅇ	아	어	오	우	으	이	에
ㅈ	자	저	조	주	즈	지	제
ㅊ	차	처	초	추	츠	치	체

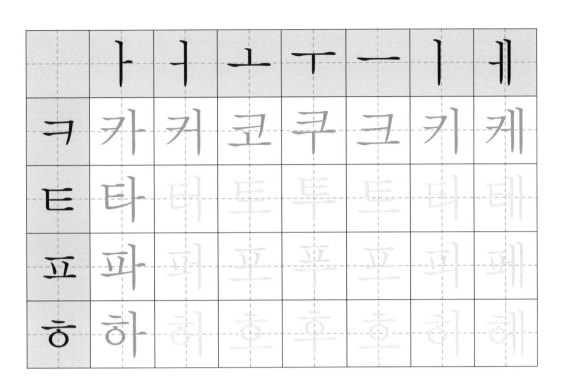

	ㅏ	ㅓ	ㅗ	ㅜ	ㅡ	ㅣ	ㅔ
ㅋ	카	커	코	쿠	크	키	케
ㅌ	타	터	토	투	트	티	테
ㅍ	파	퍼	포	푸	프	피	페
ㅎ	하	허	호	후	흐	히	헤

어휘기 위에서 쓴 글자를 짝지어 아래 글자를 만들어 보세요.

가	자	거	미	바	지	나	라
가	자	거	미	바	지	나	라

차	도	타	조	파	고	하	나
차	도	타	조	파	고	하	나

4 글자의 모양을 바르게 써 봅시다

 (○)　　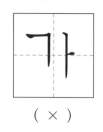 (×)

가	나	다	라	마	바	사	아
가	나	다	라	마	바	사	아

자	차	카	타	파	하
자	차	카	타	파	하

ㄱ－기역

ㄴ－니은

ㄷ－디귿

ㄹ－리을

ㅁ－미음

ㅂ－비읍

ㅅ－시옷

30

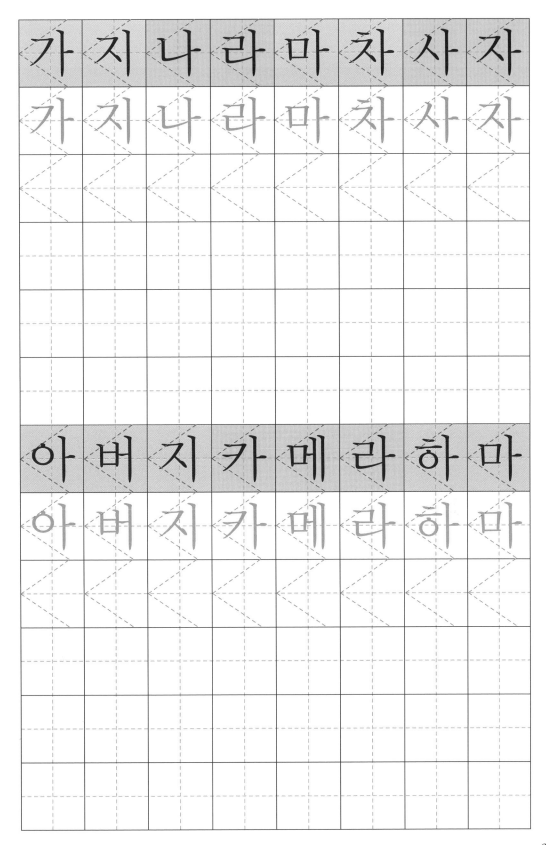

가 지 나 라 마 차 사 자
가 지 나 라 마 차 사 자

아 버 지 카 메 라 하 마
아 버 지 카 메 라 하 마

31

거 너 더 러 머 버 서 어

거 너 더 러 머 버 서 어

저 처 커 터 퍼 허

저 처 커 터 퍼 허

ㅇ-이응

ㅈ-지읒

ㅊ-치읓

ㅋ-키읔

ㅌ-티읕

ㅍ-피읖

ㅎ-히읗

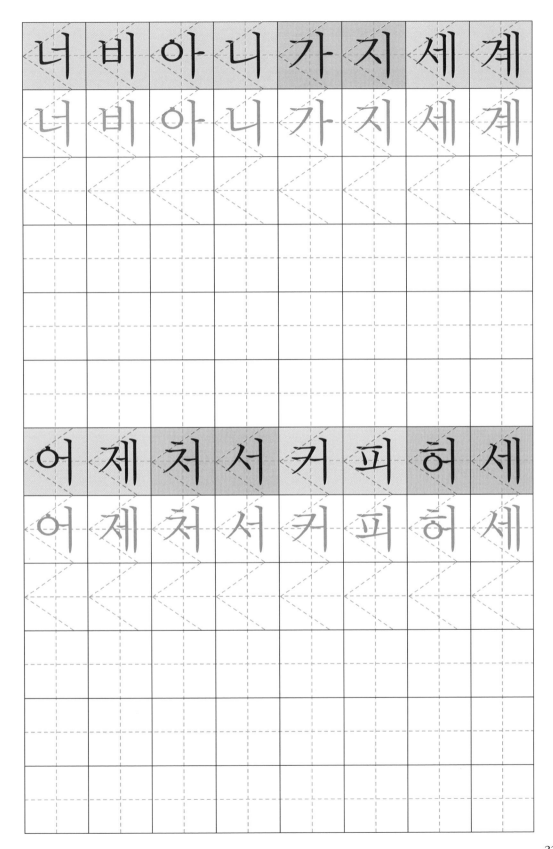

너	비	아	니	가	지	세	계
너	비	아	니	가	지	세	계

어	제	처	서	커	피	허	세
어	제	처	서	커	피	허	세

기 니 디 리 미 비 시 이
기 니 디 리 미 비 시 이

지 치 키 티 피 히
지 치 키 티 피 히

틀리기 쉬운 우리말

게시판 (O)
계시판 (×)

고마워요 (O)
고마와요 (×)

국기게양대 (O)
국기계양대 (×)

금세 (O)
금새 (×)

끼어들기 (O)
끼여들기 (×)

늠름한 (O)
늠늠한 (×)

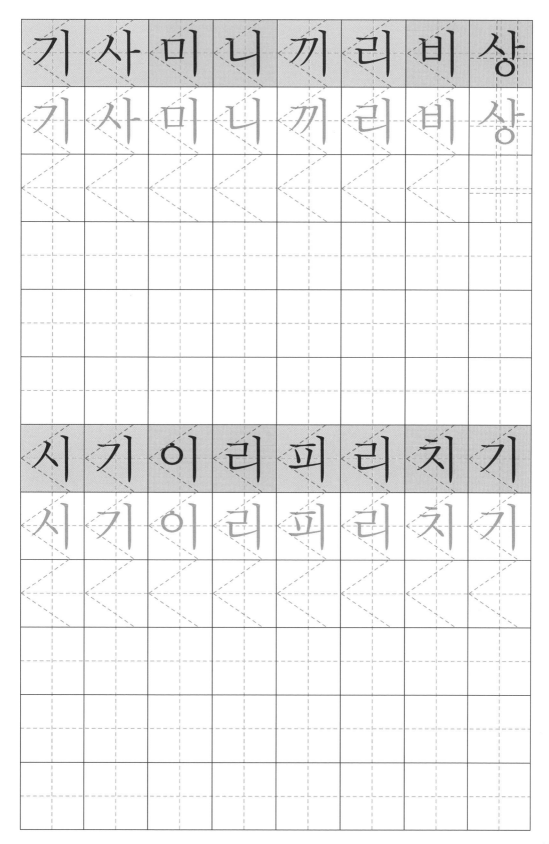

기 사 미 니 끼 리 비 상

기 사 미 니 끼 리 비 상

시 기 이 리 피 리 치 기

시 기 이 리 피 리 치 기

우	리	나	라	가	로	세	로
우	리	나	라	가	로	세	로
보	라	가	지	어	미	사	자
보	라	가	지	어	미	사	자

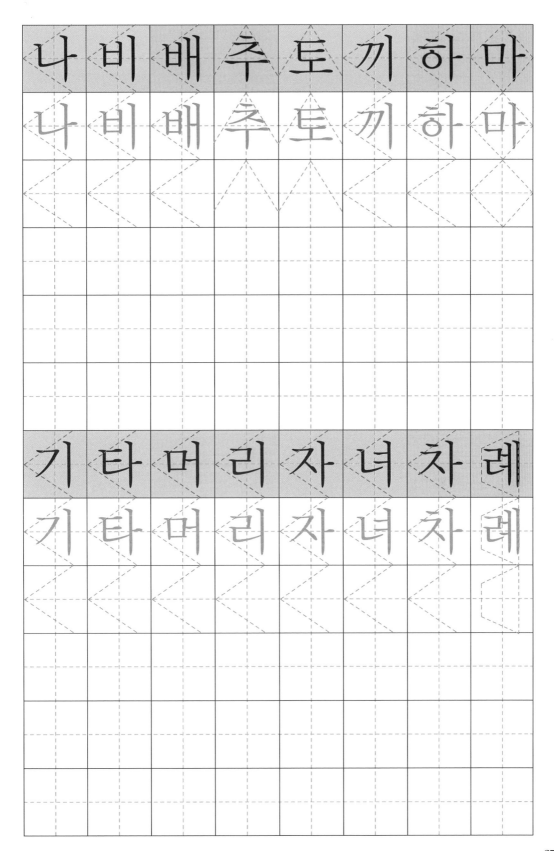

나 비 배 추 토 끼 하 마

나 비 배 추 토 끼 하 마

기 타 머 리 자 녀 차 례

기 타 머 리 자 녀 차 례

사랑할　줄　아
사랑할　줄　아

는　사람은　행복
는　사람은　행복

한　사람입니다.
한　사람입니다.

하루를 　좋은

하루를 　좋은

날로 　만들면 　주

날로 　만들면 　주

인공이 　됩니다.

인공이 　됩니다.

7

글자의 모양을 바르게 써 봅시다

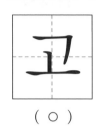
(○)

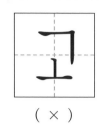
(×)

고	노	도	로	모	보	소	오
고	노	도	로	모	보	소	오

조	초	코	토	포	호	틀리기 쉬운 우리말	
조	초	코	토	포	호	딱따구리 (○) 딱다구리 (×)	
						멋쟁이 (○) 멋장이 (×)	
						며칠 (○) 몇일 (×)	
						복사뼈 (○) 복숭아뼈 (×)	

40

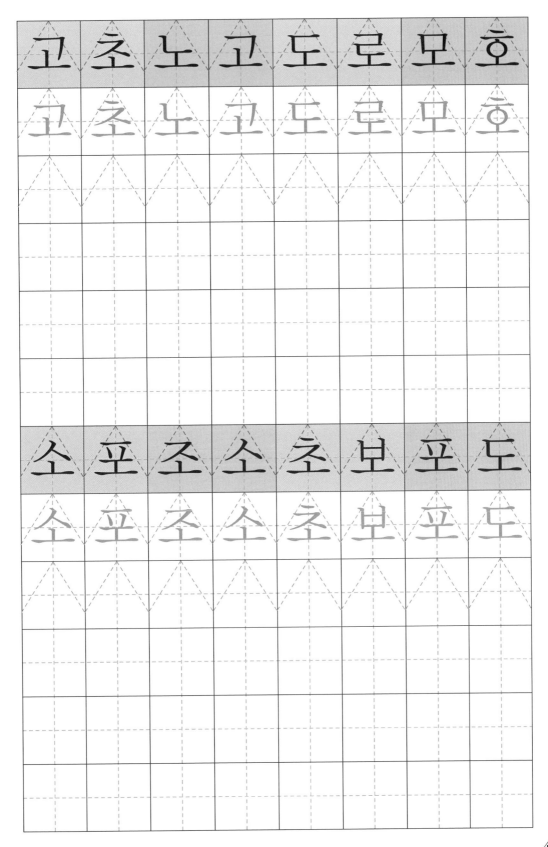

고 초 노 고 도 로 모 호

고 초 노 고 도 로 모 호

소 포 조 소 초 보 포 도

소 포 조 소 초 보 포 도

41

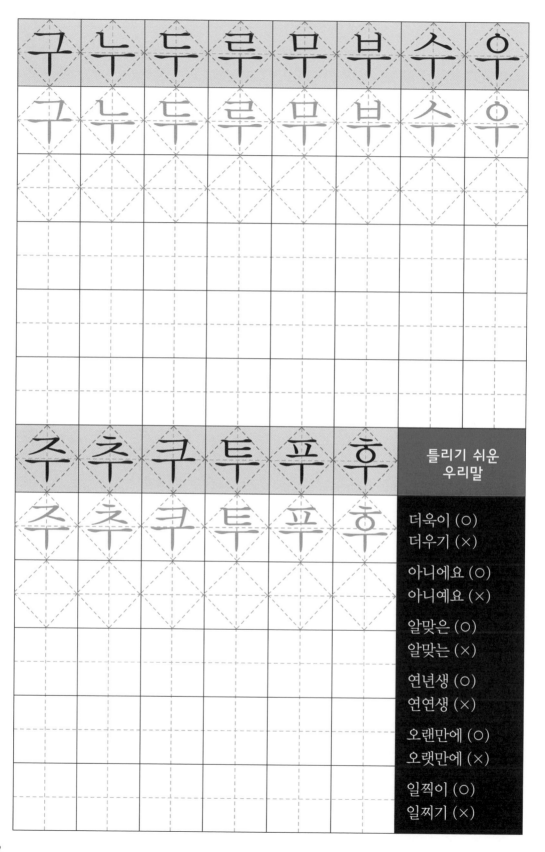

구	누	두	루	무	부	수	우
구	누	두	루	무	부	수	우

주	추	쿠	투	푸	후
주	추	쿠	투	푸	후

틀리기 쉬운 우리말

더욱이 (O)
더우기 (×)

아니에요 (O)
아니예요 (×)

알맞은 (O)
알맞는 (×)

연년생 (O)
연연생 (×)

오랜만에 (O)
오랫만에 (×)

일찍이 (O)
일찌기 (×)

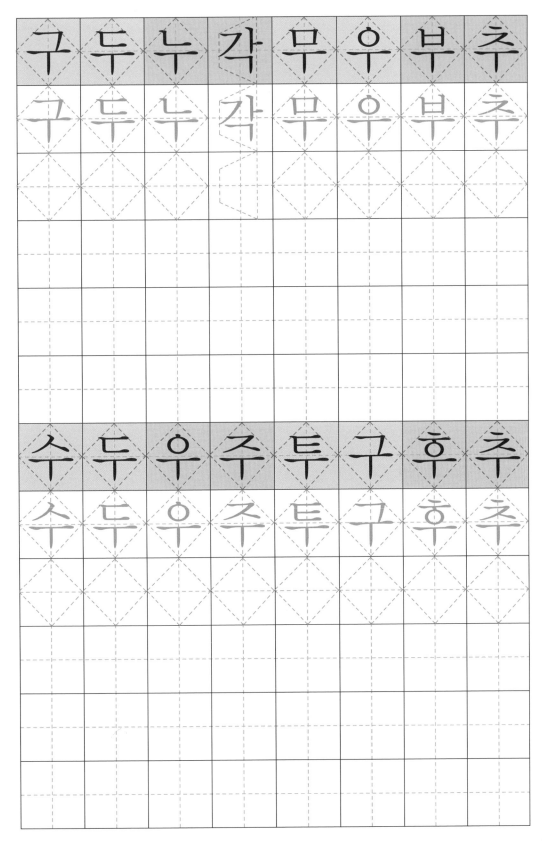

구	두	누	각	무	우	부	추
구	두	누	각	무	우	부	추

수	두	우	주	투	구	후	추
수	두	우	주	투	구	후	추

	봄	이		오	기		직
	봄	이		오	기		직
전	이		가	장		추	운
전	이		가	장		추	운
법	이	다	.	조	금	만	
법	이	다	.	조	금	만	

더 인내하자.

더 인내하자.

사랑에는 기쁨

사랑에는 기쁨

도 슬픔도 있다

도 슬픔도 있다

는 것을 알아라.

는 것을 알아라.

45

(○)

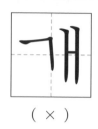

(×)

개	내	대	래	매	배	새	애
개	내	대	래	매	배	새	애

재	채	캐	태	패	해	틀리기 쉬운 우리말	
재	채	캐	태	패	해	있음 (○) 있슴 (×)	
						존댓말 (○) 존대말 (×)	
						짭짤한 (○) 짭잘한 (×)	
						핑계 (○) 핑게 (×)	
						한 살배기 (○) 한 살박이 (×)	

세	계	예	매	폐	지	예	기
세	계	예	매	폐	지	예	기

재	주	채	소	태	산	패	물
재	주	채	소	태	산	패	물

10 글씨를 올바르게 써 봅시다

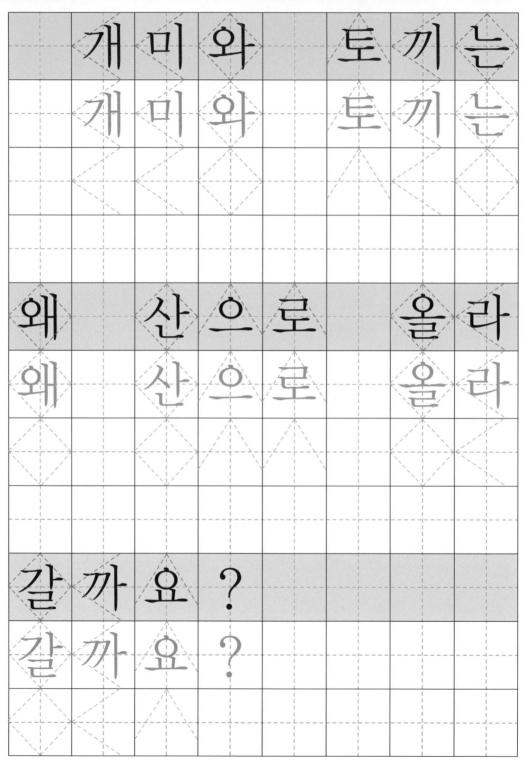

개미와　토끼는
개미와　토끼는

왜　산으로　올라
왜　산으로　올라

갈까요?
갈까요?

맛 있 는　음 식 과

맛 있 는　음 식 과

신 기 한　구 경 거 리

신 기 한　구 경 거 리

가　많 아 요 .

가　많 아 요 .

	ㄱ	ㄴ	ㄹ	ㅁ	ㅂ	ㅇ
가	각	간	갈	감	갑	강
나	낙	난	날	남	납	낭
더	덕	던	덜	덤	덥	덩
러	럭	런	럴	럼	럽	렁
모	목	몬	몰	몸	몹	몽
보	복	본	볼	봄	봅	봉
수	숙	순	술	숨	숩	숭
우	욱	운	울	움	웁	웅
지	직	진	질	짐	집	장
치	칙	친	칠	침	칩	창

	ㄱ	ㄴ	ㄹ	ㅁ	ㅂ	ㅇ
코	콕	콘	콜	콤	콥	콩
토	톡	톤	톨	톰	톱	통
파	팍	판	팔	팜	팝	팡
하	학	한	할	함	합	항
까	깍	깐	깔	깜	깝	깡
따	딱	딴	딸	땀	땁	땅
뽀	뽁	뽄	뽈	뽐	뽑	뽕
쑤	쑥	쑨	쑬	쑴	쑵	쑹
짜	짝	짠	짤	짬	짭	짱
유	육	윤	율	윰	읍	융
여	역	연	열	염	엽	영

12 글자의 모양을 바르게 써 봅시다

 (○)   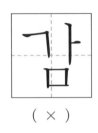 (×)

감	상	건	강	공	주	국	가
감	상	건	강	공	주	국	가

균	형	각	본	금	석	관	장
균	형	각	본	금	석	관	장

공항패션겸손안내

공항패션겸손안내

인사정책복지사회

인사정책복지사회

53

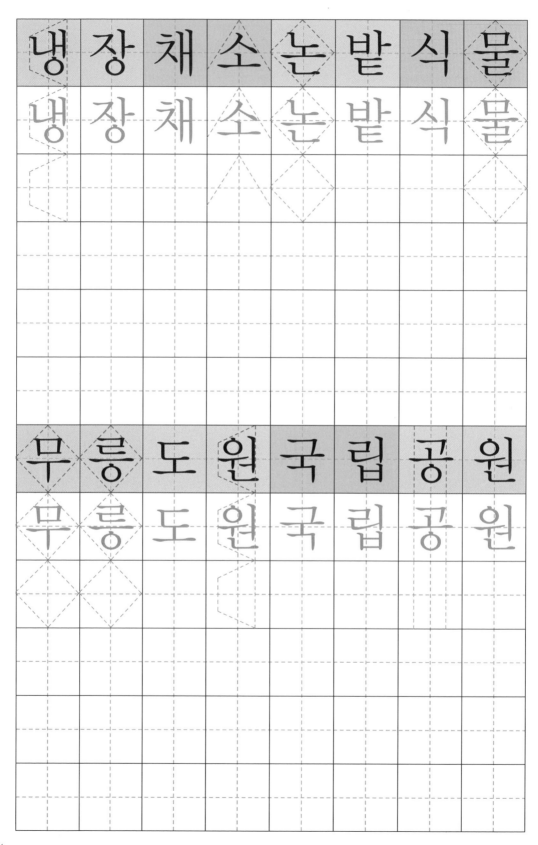

냉	장	채	소	논	밭	식	물
냉	장	채	소	논	밭	식	물

무	릉	도	원	국	립	공	원
무	릉	도	원	국	립	공	원

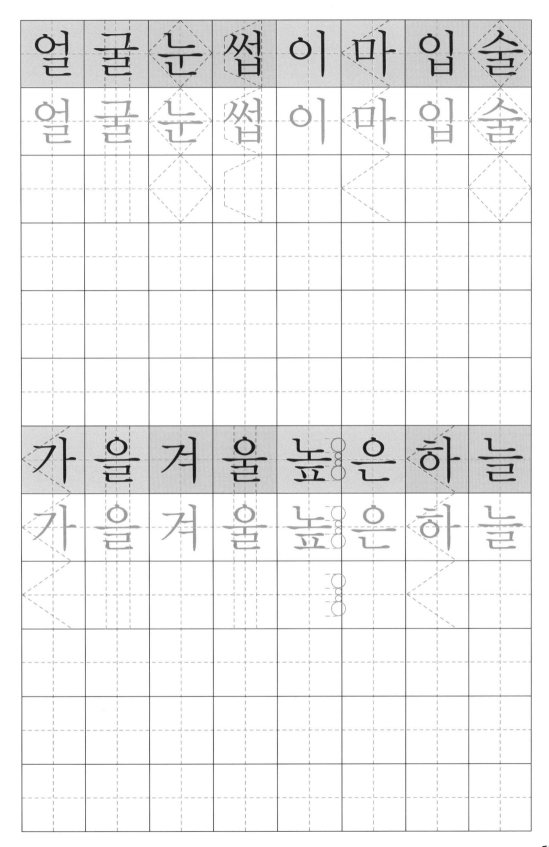

얼	굴	눈	썹	이	마	입	술
얼	굴	눈	썹	이	마	입	술

가	을	겨	울	높	은	하	늘
가	을	겨	울	높	은	하	늘

덧	셈	뺄	셈	수	학	공	부
덧	셈	뺄	셈	수	학	공	부
공	자	말	씀	명	승	고	적
공	자	말	씀	명	승	고	적

목	청	응	원	찐	빵	고	기
목	청	응	원	찐	빵	고	기
연	필	볼	펜	공	책	필	통
연	필	볼	펜	공	책	필	통

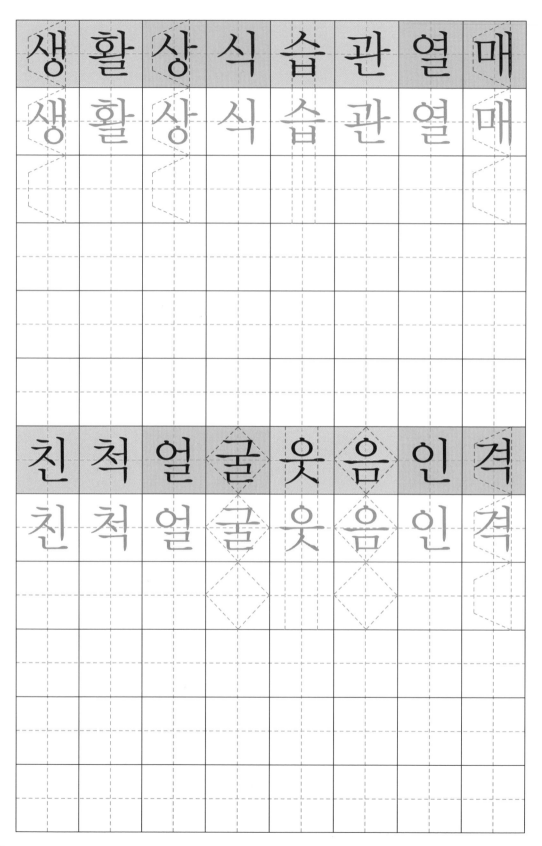

생	활	상	식	습	관	열	매
생	활	상	식	습	관	열	매
친	척	얼	굴	웃	음	인	격
친	척	얼	굴	웃	음	인	격

면	접	은	인	용	감	보	답
면	접	은	인	용	감	보	답

국	군	작	품	찬	반	점	심
국	군	작	품	찬	반	점	심

진	실	증	명	중	앙	종	합
진	실	증	명	중	앙	종	합

축	복	출	산	칠	곡	캡	슐
축	복	출	산	칠	곡	캡	슐

탐	방	팀	명	튤	립	특	허
탐	방	팀	명	튤	립	특	허

평	복	동	격	풍	선	폭	발
평	복	동	격	풍	선	폭	발

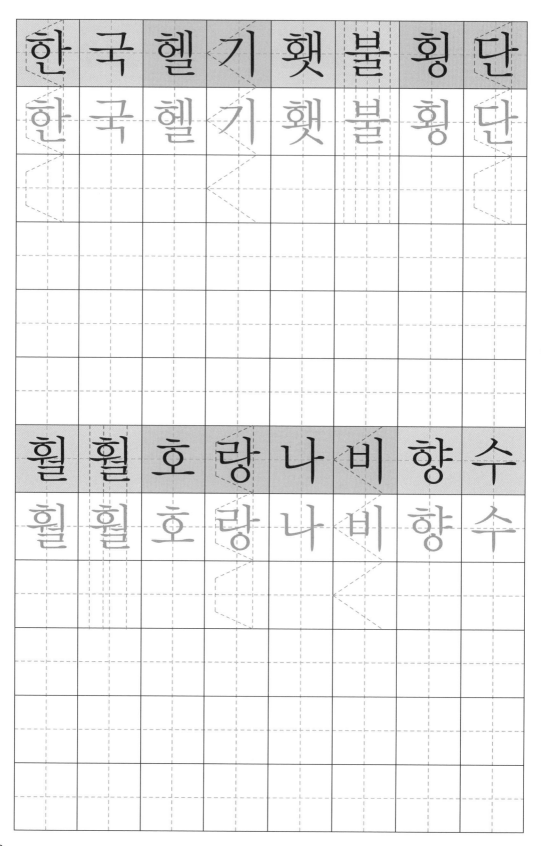

한 국 헬 기 햇 불 횡 단

휠 휠 호 랑 나 비 향 수

협	동	함	성	흰	눈	햇	볕
협	동	함	성	흰	눈	햇	볕

훈	장	효	심	향	기	홍	시
훈	장	효	심	향	기	홍	시

13

받침 있는 글자를 올바르게 써 봅시다

은	방	울	꽃	연	못	창	문
은	방	울	꽃	연	못	창	문
강	낭	콩	눈	망	울	동	생
강	낭	콩	눈	망	울	동	생

큰	꽃	벌	통	숲	속	풀	밭
큰	꽃	벌	통	숲	속	풀	밭

웃	음	활	짝	눈	꽃	들	판
웃	음	활	짝	눈	꽃	들	판

문장 부호는 문자 언어에서 말의 단위, 문의 종류, 문자로 나타낼 수 없는 의미 등을 나타내는 부호를 말한다.

문장이 끝날 때 쓰는 부호에는 온점(.), 물음표(?), 느낌표(!)가 있다.

온점(.)은 문장이 끝날 때 사용한다.

물음표(?)는 의문이나 물음을 나타낸다.

느낌표(!)는 감탄, 놀람, 부르짖음, 명령 등 강한 느낌을 나타낸다.

쉼표(,)는 문장 안에서 짧은 쉼, 의미 분화(意味分化), 내포되는 종류 등을 나타낼 때 쓴다.

큰따옴표(" ")는 대화, 인용, 특별 어구 따위를 나타낸다.

작은따옴표(' ')는 따온 말 가운데 다시 따온 말이 들어갈 때나 마음속으로 한 말을 적을 때에 쓴다.

＊ 글자가 원고지의 오른쪽 끝 칸을 차지하여 문장 부호를 찍을 칸이 없을 때는 끝 칸에 글자와 함께 넣거나 오른쪽 여백에 처리한다.

,	.	?	!		"	"
,	.	?	!		"	"

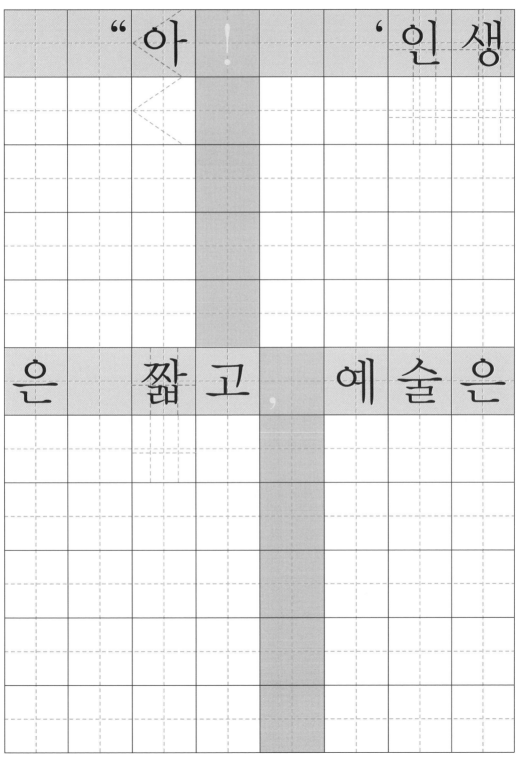

		" 아	!			' 인	생
은		짧	고	,	예	술	은

길다.'고 했었던

가?"

"소희야, 언제

왔니?"

"오늘 따라 달

이 밝구나!"

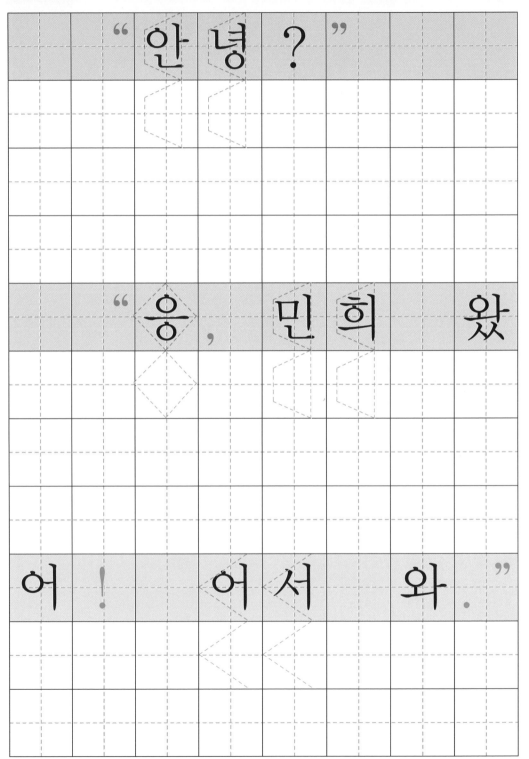

| | | " | 안 | 녕 | ? | " | | |
|
| | | " | 응 | , | 민 | 희 | | 왔 |
|
| 어 | ! | | 어 | 서 | | 와 | . | " |

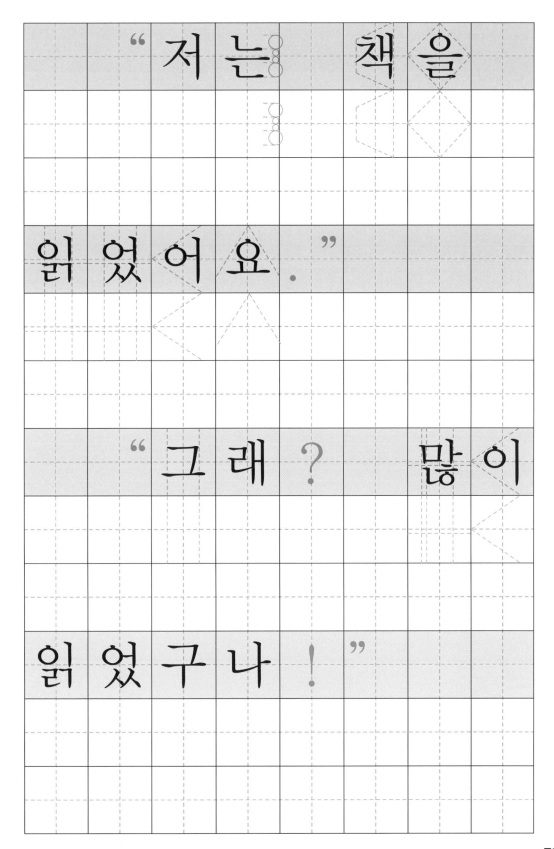

"저는 책을

읽었어요."

"그래? 많이

읽었구나!"

❶ 첫째 줄은 비웁니다.

❷ 둘째 줄 가운데에 제목을 씁니다.

❸ 셋째 줄은 비웁니다.

❹ 넷째 줄은 소속을 오른쪽으로 쓰는데, 끝에서 2칸을 비우고 소속을 씁니다.

　교내 글짓기일 때는 ○학년 ○반, 교외 글짓기일 때는 ○○학교 ○학년

❺ 다섯째 줄 끝에서 2칸을 비우고 이름을 씁니다.

　성과 이름을 띄우지 않습니다.

　단, 한 글자 이름이나 성이 두 자일 경우 성과 이름을 띄웁니다.

　예) 이순신, 허 준, 남궁 유정

❻ 여섯째 줄은 비웁니다.

❼ 일곱째 줄에 첫째 칸을 비우고 본문을 시작합니다.

❽ **띄어쓰기**

　띄어쓰기를 할 때에는 한 칸을 비우고 계속 써나갑니다.

　띄어쓰기 칸이 왼쪽 칸 맨 처음이 될 때는 띄지 않고 그냥 쓰며 바로 윗줄의 오른쪽 끝에 띔표(∨)를 합니다.

　1) 반점(,)이나 온점(.)을 찍을 때는 바로 그 다음 칸부터 씁니다.

　2) 물음표(?)나 느낌표(!) 다음에는 한 칸 비우고 씁니다.

　3) 문장의 끝이 원고지 맨 마지막 칸에 올 때는 문장의 끝 글자와 온점을 같은 칸에 쓰거나 오른쪽 여백에 씁니다.

❾ 줄글은 이름 쓴 줄 뒤에 한 줄 비우고 여섯째 줄부터 쓰는데 처음 한 칸을 비우고 씁니다. 그리고 문단이 바뀌면 처음 한 칸을 비우고 씁니다.

❿ 인용문이나 대화문은 큰따옴표와 작은따옴표를 쓰는 문장으로 전체를 한 칸 들여 써야 합니다. 아무리 짧은 문장이라도 이어 쓰지 않고 꼭 줄을 바꾸어 씁니다. 하지만 대화글이 계속 이어지면 끝날 때까지 앞의 한 칸을 비우고 쓰고, 대화글이 바탕글과 이어지는 경우에는 첫 칸을 비우지 않고 씁니다.

⓫ 숫자 쓰기

한 자로 된 숫자는 한 칸에 한 자씩 쓰고, 두 자 이상의 숫자는 한 칸에 두 자씩 씁니다.

⓬ 동시, 시조 쓰기

동시나 시조를 쓸 때는 앞의 두 칸을 모두 들여 씁니다. 그리고 2연이나 3연의 동시를 쓴다면 연이 바뀔 때마다 한 줄 비우고 그 다음 줄에 씁니다.

독도를 수호하자

○○초등학교 3학년 1반
홍길동

독도는 외로운 섬이 아니다. 어엿한 대한민국의 영토이다. 세종실록지리지에 일본이 있듯이 우겨도 독도는 역사적으로 우리의 영토였다.

독도는

한 옛 여 아니다. 섬이었던 독

세종실록지리지에 이다. 대한민국의 국민 한

우겨두 일본이 욕심을 있었지만 된 역사적

독도는 다. 영토였다 우리의 이 영사

특별
길동

○○○학교 3학년 1반

독도를 수호하자

우리의 영사

서체명 :: 윤명조

남	의		마	음	까	지		헤	아	려
남	의		마	음	까	지		헤	아	려

주	는		사	람	은		이	미		행	복
주	는		사	람	은		이	미		행	복

하	고	,	상	대	가		자	신	을		이
하	고	,	상	대	가		자	신	을		이

해해 주지 않는 것만

해해 주지 않는 것만

생각하는 사람은 이미

생각하는 사람은 이미

불행하다.

불행하다.

싫	은		사	람	이		많	을	수	록	
싫	은		사	람	이		많	을	수	록	

행	복	은		반	비	례	하	고		좋	아
행	복	은		반	비	례	하	고		좋	아

하	는		사	람	이		많	을	수	록	
하	는		사	람	이		많	을	수	록	

행복은 정비례한다.

행복은 정비례한다.

너는 너, 나는 나라고 ∨

너는 너, 나는 나라고

하는 사람은 불행의 독

하는 사람은 불행의 독

서체명 : 윤고딕

불장군이지만, 우리라고
불장군이지만, 우리라고

생각하는 사람은 행복연
생각하는 사람은 행복연

합군이다.
합군이다.

80

용서할 줄 아는 사람

용서할 줄 아는 사람

은 행복하지만 미움을

은 행복하지만 미움을

버리지 못하는 사람은

버리지 못하는 사람은

불행하다.
불행하다.

작은 것에 감사하는
작은 것에 감사하는

사람은 행복한 사람이고
사람은 행복한 사람이고

남과 비교하는 사람은

남과 비교하는 사람은

불행한 사람이다.

불행한 사람이다.

사랑은 언제나 오래

사랑은 언제나 오래

참 고 , 　 사 랑 은 　 　 언 제 나 　 　 온

참 고 , 　 사 랑 은 　 　 언 제 나 　 　 온

유 하 며 , 　 사 랑 은 　 　 시 기 하 지 　 ∨

유 하 며 , 　 사 랑 은 　 　 시 기 하 지

안 으 며 , 　 자 랑 도 　 교 만 도

안 으 며 , 　 자 랑 도 　 교 만 도

아	니	하	며	,		무	례	히		행	치	
아	니	하	며	,		무	례	히		행	치	

않	고	,		자	기	의		유	익	을		구
않	고	,		자	기	의		유	익	을		구

치		않	고	,		사	랑	은		성	내	지	∨
치		않	고	,		사	랑	은		성	내	지	

아	니	하	며	,		진	리	와		함	께	
아	니	하	며	,		진	리	와		함	께	
기	뻐	하	네	.		사	랑	은		모	든	
기	뻐	하	네	.		사	랑	은		모	든	
것		감	싸	주	고	,		바	라	고		믿
것		감	싸	주	고	,		바	라	고		믿

86

고		참	아	내	며	,	사	랑	은		영
고		참	아	내	며	,	사	랑	은		영

원	토	록		변	함	없	네	.			
원	토	록		변	함	없	네	.			

	믿	음	과		소	망	과		사	랑	은	∨
	믿	음	과		소	망	과		사	랑	은	

서체명 :: 소녀

이		세	상		끝	까	지		영	원	하
이		세	상		끝	까	지		영	원	하

며	,	믿	음	과		소	망	과		사	랑
며	,	믿	음	과		소	망	과		사	랑

중	에		그	중	에		제	일	은		사
중	에		그	중	에		제	일	은		사

랑	이	라.							
랑	이	라	.						

	작	은		집	에		살	아	도		잠
	작	은		집	에		살	아	도		잠

잘		수		있	어		좋	다	고		생
잘		수		있	어		좋	다	고		생

각하는　사람은　행복한
각하는　사람은　행복한

사람이고,　작아서　아무것
사람이고,　작아서　아무것

도　할　수　없다고　생각
도　할　수　없다고　생각

하는 사람은 불행한 사
하는 사람은 불행한 사

람이다.
람이다.

고난 속에서도 희망을 ∨
고난 속에서도 희망을

가진 사람은 행복의 주

가진 사람은 행복의 주

인공이 되고, 고난에 굴

인공이 되고, 고난에 굴

복하고 희망을 품지 못

복하고 희망을 품지 못

하는 사람은 비국의 주

하는 사람은 비국의 주

인공이 된다.

인공이 된다.

하루를 좋은 날로 만

하루를 좋은 날로 만

들려는 사람은 행복의 주인공
들려는 사람은 행복의 주인공

이 되고, '나중에'라고 미루
이 되고, '나중에'라고 미루

며 시간을 놓치는 사람은 불
며 시간을 놓치는 사람은 불

행의 하수인이 된다.
행의 하수인이 된다.

사랑에는 기쁨도 슬픔도 있
사랑에는 기쁨도 슬픔도 있

다는 것을 아는 사람은 행복
다는 것을 아는 사람은 행복

하고, 슬픔의 순간만을 기억하
하고, 슬픔의 순간만을 기억하

는 사람은 불행하다.
는 사람은 불행하다.

웃는 얼굴에는 축복이 따르
웃는 얼굴에는 축복이 따른

고, 화내는 얼굴에는 불운이
고, 화내는 얼굴에는 불운이

괴물처럼 따른다.
괴물처럼 따른다.

미래를 위해 저축할 줄 아
미래를 위해 저축할 줄 아

는 사람은 행복의 주주가 되
는 사람은 행복의 주주가 되

고, 당장 쓰기에 바쁜 사람은 ∨
고, 당장 쓰기에 바쁜 사람은

불행의 주주가 된다.
불행의 주주가 된다.

불행 다음에 행복이 온다는 ∨
불행 다음에 행복이 온다는

것을 아는 사람은 행복표를
것을 아는 사람은 행복표를

예약한 사람이고, 불행은 끝이
예약한 사람이고, 불행은 끝이

없다고 생각하는 사람은 불행
없다고 생각하는 사람은 불행

의 번호표를 들고 있는 사람
의 번호표를 들고 있는 사람

이다. 좋은 생각을 하자.

이다. 좋은 생각을 하자.

시련을 견디는 사람은 행복 ∨

시련을 견디는 사람은 행복

합격자가 되지만, 포기하는 사

합격자가 되지만, 포기하는 사

람은 불행한 낙제생이 된다.

람은 불행한 낙제생이 된다.

남의 잘됨을 기뻐하는 사람

남의 잘됨을 기뻐하는 사람

은 자신도 잘되는 기쁨을 맛

은 자신도 잘되는 기쁨을 맛

보지만, 두고두고 배 아파하는 ∨

보지만, 두고두고 배 아파하는

사람은 고통의 맛만 볼 수

사람은 고통의 맛만 볼 수

있다. 진심으로 기뻐하라.

있다. 진심으로 기뻐하라.

좋은 취미를 가지면 삶이

좋은 취미를 가지면 삶이

즐겁지만, 나쁜 취미를 가지면 ∨

즐겁지만, 나쁜 취미를 가지면

늘 불행의 불씨를 안고 살게 ∨

늘 불행의 불씨를 안고 살게

된다. 좋은 취미를 갖자.

된다. 좋은 취미를 갖자.

남에게 손해를 입히고 나를 ∨

남에게 손해를 입히고 나를

이롭게 하면, 성공하는 자손이 ∨

이롭게 하면, 성공하는 자손이

없으며, 여러 사람을 해치고

없으며, 여러 사람을 해치고

집안을 이루면 부귀가 짧다.
집안을 이루면 부귀가 짧다.

용서는 단지 자기에게 상처
용서는 단지 자기에게 상처

를 준 사람을 받아들이는 것
를 준 사람을 받아들이는 것

만이 아니라 미움과 원망의
만이 아니라 미움과 원망의

마음에서 그를 놓아주는 일이

마음에서 그를 놓아주는 일이

다. 친정한 행복이란?

다. 친정한 행복이란?

두려워할 일이 없는데 두려

두려워할 일이 없는데 두려

워하는 것은 어리석은 일이다.

워하는 것은 어리석은 일이다.

두려워할 이유가 있는데 두

려워하지 않는 것은 더욱 어

리석은 일이다.

부모 된 사람의 가장 어리

석음은 자식을 자랑거리로 만

석음은 자식을 자랑거리로 만

들고자 함이고, 가장 큰 지혜

들고자 함이고, 가장 큰 지혜

로움은 자신의 삶이 자식들의 ∨

로움은 자신의 삶이 자식들의

자랑거리가 되게 하는 것이다.

자랑거리가 되게 하는 것이다.

쉬운 일은 어려운 일처럼

어려운 일은 쉬운 일처럼 해

야 한다. 절제하고 성실하라.

자부심이 나태해지는 것을

막아준다. 자존감을 높이자.
막아준다. 자존감을 높이자

일을 마무리하지 않고 팽개
일을 마무리하지 않고 팽개

쳐 두는 것을 막기 위해 때
쳐 두는 것을 막기 위해 때

로는 그 일을 끝마친 것처럼
로는 그 일을 끝마친 것처럼

바라볼 필요가 있다.

바라볼 필요가 있다.

세상에는 노력하고 애쓰면

세상에는 노력하고 애쓰면

불가능한 일도 가능해지고 감

불가능한 일도 가능해지고 감

당하기 어려운 일은 두려움을 ∨

당하기 어려운 일은 두려움을

떨쳐버려야 한다.

떨쳐버려야 한다.

남이 말하는 중간에 말을

남이 말하는 중간에 말을

낚아채는 것은 좋은 행동이

낚아채는 것은 좋은 행동이

아니다. 존중하고 사랑하라.

아니다. 존중하고 사랑하라.

봄 오기 직전이 가장 춥고 해 뜨기 직전이 가장 어둡다.

아무리 곤경에 처해도 당황하지 마라.

사방이 다 막혀도 위쪽은 언제나 뚫려 있고

하늘을 바라보면 희망이 생긴다.

행운은 목숨이 붙어 있는 동안에만 의미가 있지만

명성은 죽은 뒤에도 영원히 지속된다.

운은 사람들의 질투를 부르지만

명성은 영원히 잊히지 않는다.

행운은 노력 없이 얻을 수도 있지만

명성은 근면과 노력의 산물이다.

이 세상에서 제일 행복한 사람은

단 한 사람에게라도 사랑을 받는 사람이다.

이 세상에서 가장 아름다운 사람은 마음씨가 따뜻한 사람이다.

이 세상에서 가장 부유한 사람은 가슴이 넉넉한 사람이다.

이 세상에서 가장 착한 사람은 먼저 남을 생각하는 사람이다.

이 세상에서 가장 용기 있는 사람은 용서할 줄 아는 사람이다.

이 세상에서 가장 지혜로운 사람은 사랑을 깨달은 사람이다.

이 세상에서 가장 훌륭한 사람은 이 모든 것을 행하는 사람이다.

이 세상에서 가장 행복한 삶은

모든 것을 긍정적으로 살아가는 사람이다.